AF224686

POCHOLLE

Troisième sous-Préfet de Neufchâtel-en-Bray

PATRY, MAIRE D'ESCLAVELLES

ET

LE PRÉFET BEUGNOT

ÉPISODES DE L'AFFAIRE CADOUDAL

(Extraits documentés d'une Biographie manuscrite de Pocholle)

Par Félix CLÉREMBRAY

ROUEN

LIBRAIRIE LESTRINGANT

11, RUE JEANNE-D'ARC

—

1916

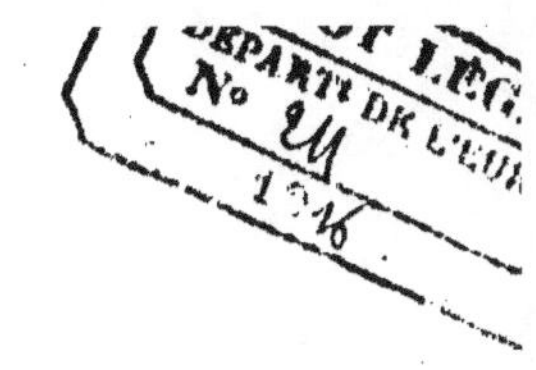

POCHOLLE

Troisième sous-préfet de Neufchâtel-en-Bray

PATRY, MAIRE D'ESCLAVELLES

ET

LE PRÉFET BEUGNOT

ÉPISODES DE L'AFFAIRE CADOUDAL

(Extraits documentés d'une Biographie manuscrite de Pocholle)

Par Félix CLÉREMBRAY

ROUEN

LIBRAIRIE LESTRINGANT

11, RUE JEANNE-D'ARC

—

1916

POCHOLLE

TROISIÈME SOUS-PRÉFET DE NEUFCHATEL-EN-BRAY

PATRY, Maire d'Esclavelles, et le Préfet BEUGNOT

ÉPISODES DE L'AFFAIRE CADOUDAL

(Extraits documentés d'une biographie manuscrite de Pocholle)

Par Félix CLÉREMBRAY

I

Dès le 9 thermidor an VIII (28 juillet 1800) le premier sous-préfet de Neufchâtel-en-Bray, Du Caurroy de la Croix, âgé de 52 ans, installé en avril précédent, était atteint d'une cruelle maladie et obligé de prendre un congé. A cette date, d'Alleaume de Trefforest, conseiller de préfecture, qui le suppléait, écrivit au préfet Beugnot : « Si vous croyez convenable que je continue les fonctions de la sous-préfecture, je vous prie, par intérêt pour la santé de M. Du Caurroy, de me donner une autorisation pour gérer en son absence jusqu'au 30 de ce mois ». L'autorisation lui fut transmise par le secrétaire général Galli.

Du Caurroy étant mort à Paris le 20 mai 1802, Beugnot informe le ministre de l'intérieur, le 10 juin suivant, qu'il a désigné provisoirement pour le remplacer le citoyen d'Alleaume, « qui a « servi dans l'artillerie avant la Révolution et occupé, tant qu'elle « a duré, des fonctions à la nomination du peuple. C'est un « homme distingué sous les rapports du patriotisme et de l'amour « du travail. Je me rends le garant que cette nomination ralliera « tous les suffrages. Et, pour le remplacer (au conseil de préfec- « ture), j'ai l'honneur de présenter au ministre le citoyen « Ch.-Jos. Bunel, président du Conseil général du département. »

L'élection de M. d'Alleaume au Corps législatif (20 août 1804) éveilla bien des convoitises à Neufchâtel même, où nul ne s'attendait au choix, pour lui succéder à la sous-préfecture, du dieppois Pocholle, l'ex-oratorien, à ce moment haut fonctionnaire dans la Prusse rhénane, devenue française.

Pocholle ne devait pourtant pas être oublié en cette ville, où il avait des parents paternels, et surtout des parents maternels parmi lesquels l'avocat-avoué Vincent, comme lui ancien député à la Convention, et plusieurs notabilités, entre autres l'ex-curé de Notre-Dame, Vincent, et le futur baron d'Haussez. Certainement les neufchâtelois de 1801 et de 1804 se souvenaient du député Pocholle qui, le 21 mars 1793, avec son collègue Saladin, de la Somme, était venu en mission au chef-lieu du district et s'était rendu à la Société populaire, escorté par la foule, non sans incidents publics, dont l'un, le plus... douloureux, provoqué par un de ses cousins, âgé de 65 ans, trop en évidence à Neufchâtel, est raconté en une lettre de l'époque, adressée à Londres, à son mari émigré, par une dame de l'aristocratie brayonne. Cette lettre, fort curieuse, ne saurait, nonobstant, trouver place ici, même en latin, quant au passage relatif à cet épisode, oublié, de la révolution...

En janvier 1801, à défaut de sous-préfet, et pendant l'intérim, le plus haut fonctionnaire était le président de l'Assemblée du canton, M. Pierre-Etienne-Georges Patry, né à Neufchâtel, le dernier avril 1743, et baptisé à Notre-Dame le 1er mai (1). Il avait été directeur des aides à Paris, où il s'était marié ; devenu veuf vers la fin de la Révolution, il habitait parfois la capitale, rue Sainte-Appoline, n° 30, où il semble avoir conservé un pied-à-terre. En janvier 1790, on le trouve capitaine de grenadiers dans la garde nationale parisienne, élu à l'unanimité juge de paix de la section du Ponceau ; il est électeur du département de Paris. Vers mars ou avril 1791, il figure dans une liste des membres du club de la Sainte-Chapelle ; avec Joly, secrétaire-greffier de l'Hôtel-de-Ville de Paris, il adresse au rédacteur du *Thermomètre de l'opinion publique*, Coste d'Arnobat, une lettre que celui-ci publie.

---

(1) Nous l'avons présenté aux lecteurs de la *Normandie historique* en 1895, et nous essayons ici de ne pas tomber dans les redites.

En brumaire an II (1793) élu, au bénéfice de l'âge, président de l'administration municipale du canton de Neufchâtel, contre Delestre, pharmacien, maire de Neufchâtel, il refuse, invoquant ses infirmités.

Aux jours les plus troublés de la Terreur, M. Patry prête son appui à Mesdames Patry des Hallais, sa belle-sœur, et Huger de Bacquencourt, sa sœur, dont les maris ont émigré, et même les cautionne pour la jouissance provisoire de certains biens. Dans une requête au district, du 25 fructidor an II (11 septembre 1794), Mme de Bacquencourt expose : qu'elle éprouve la plus affreuse misère et n'a pas touché une obole depuis la loi du séquestre ; avant d'être détenue à Mesnières, elle avait vendu la majeure partie de ses hardes pour subsister avec ses deux malheureuses filles ; elle est dans la plus affreuse indigence ; on lui accorde 40 sols par jour, conformément à un arrêté du Comité de salut public du 21 messidor.

Le 2 juin 1792, Patry, encore domicilié à Paris, déclare à Neuf-châtel qu'il est propriétaire dans ce district : à Neufchâtel, d'une maison, sise Grande-Rue, occupée par Mme de Trefforest ; autre maison, rue de la Poissonnerie, occupée par le sieur Deleau ; ferme au Mesnil, occupée par Hédou, avec des terres ; autre ferme aussi au Mesnil, occupée par Jean Duquesnoy ; autre, ayant appartenu aux Pénitents ; autre, tenue par Petit, dit Juge, boucher ; à Bré-montier, trois fermes tenues à loyer, par Troussé, Feuillette et Lecoffre ; à Neuville-Ferrières, portion de la ferme dudit Troussé, et deux fermes, occupées par Barbier et Falaise ; à Massy et Escla-velles, portion de la ferme occupée par ledit Lecoffre. Une notable partie de ces biens ruraux appartiennent encore au xxe siècle aux descendants de M. Patry.

Sous le prétexte qu'il avait trop tardé à justifier de sa résidence, ses propriétés avaient été mises sous séquestre dont il obtint main-levée le 17 mars 1793, mais dont il supporta les frais.

Il ne paraît pas avoir fait partie de la Société populaire de Neufchâtel, dont les séances furent parfois si mouvementées, et même si tragiques. En des moments d'agitation, il dut en étudier les meneurs. Il eut même à se plaindre d'eux, peut-être à propos de quelque attestation de civisme, à une date où le citoyen d'Alleaume était le président de la Société. Malgré sa prudence et son habileté, le citoyen Patry se trouva dans la nécessité de se défendre, ainsi qu'en témoigne une lettre suggestive que nous avons rencontrée seulement en 1000 :

29 vendémiaire, l'an IIIe de la République (20 octobre 1794).

« Pierre-Etienne-Georges Patry,
demeurant au Mont-Eudeline, commune d'Esclavelles.

« Frères et Amis,

« J'ai appris avec douleur que, lors de l'épuration de la liste et en vertu de l'ordre du représentant du peuple, mon nom avait excité des réclamations et des réflexions aussi désobligeantes qu'injustes. Je n'ai pas voulu que le soupçon pût planer sur ma tête, et j'ai cru devoir imposer silence à la malveillance en m'entretenant familièrement avec vous.

« J'ai un frère émigré. Si ce reproche ne m'eut été fait que par un seul membre, je sçais quel cas, j'en devais faire, parce que ce membre ne devait pas, ce jour-là, dans la situation où j'étais, faire partie de l'Assemblée. Mais cette réflexion a été appuyée par d'autres qui, sans doute, ont cru me dégrader dans l'opinion de mes concitoyens. Loin de leur en vouloir, peut-être dois-je les remercier de m'avoir mis dans l'obligation de vous présenter mes titres révolutionnaires et de leur rappeler une vérité qu'il est heureux pour un républicain d'oublier : c'est qu'un citoyen doit être jugé pour ce qu'il est et ce qu'il vaut, et non par sa fortune, ses parents, ses amis.

« J'ai un frère, un beau-frère, un neveu au nombre des ennemis de ma patrie. Frappés d'un vertige coupable, ils ont été grossir le nombre de ceux que l'orgueil ou la pusillanimité ont déterminé à déserter le pays. Ai-je partagé leur erreur criminelle ? Peut-on sans malignité, m'accuser d'être leur complice, et, à ce titre, me faire perdre l'estime à laquelle ma conduite révolutionnaire me donne droit de prétendre ? Le détail de cette même conduite va vous mettre à portée d'en juger.

« Livré à la révolution dès les premiers moments, j'ai monté ma première garde dans la garde nationale le 17 juillet 1789. J'y ai fait mon service en personne, sans jamais m'être fait remplacer. Nommé capitaine de grenadiers en juin 1790, j'ai rempli cette place pendant un an, au bout duquel je fus nommé juge de paix. La révolution du 10 août 1792 démasque les faux patriotes ; il en existait parmi les juges de paix ; on procéda à de nouvelles élections : je réunis la totalité des voix et cette nomination fut d'autant plus honorable pour moy que, sur 48 juges de paix, six seulement furent conservés.

« Dans un temps où je ne pouvais pas prévoir que je reviendrais habiter mon pays natal, ne m'adressè-je pas à la municipalité de Neufchâtel pour la prier de recevoir chez moi ceux de mes frères qu'elle envoyait à la fédération générale ? Ne l'informai-je pas de ma nomination à la place de juge de paix ? Faut-il que j'ajoute que cette déférence me valut des lettres anonymes infâmes de la part de ceux de notre ville qui voyaient avec indignation que je ne partageais pas leur erreur !

« Lorsque, pour faire face aux besoins du moment, l'Assemblée nationale décréta une contribution patriotique, je ne consultai ni mon revenu ni ce que faisaient les autres, je payai deux mille cent livres. Depuis cette époque, les sacrifices ne m'ont rien coûté : je me suis dépouillé, en faveur de mes frères, de mes armes, de mes habits. J'ai, dans toutes les occasions, contribué premièrement à toutes les collectes ; j'ai acquis des domaines nationaux ; j'ai placé dans l'emprunt volontaire.

« Voilà mes titres, citoyens. Mais, gardez-vous de croire que je vous les expose pour capter votre confiance et parvenir à des places. Mes infirmités m'ont forcé de quitter celle qui me flattait le plus. J'ai, à cet égard, payé une dette à la Révolution. Rentré dans la classe des citoyens, mon ambition est d'en remplir les devoirs. Dans le calme de la campagne, je m'occupe de l'éducation de mes enfants ; je forme leurs cœurs aux vertus républicaines. C'est la seule fonction que je puisse désormais remplir.

« Pardonnez ces longs détails à ma sensibilité. Ils vous prouvent le cas que je fais de votre estime. Que mes détracteurs produisent à leur tour leurs titres ? Qu'ils osent arguer de faux aucun des miens ? Je leur livre ma conduite et ne redoute pas leur malveillance.

« Salut et fraternité.

« Patry. »

Quels étaient les détracteurs de Patry à la Société populaire ? Peut-être ne serait-il pas impossible de les découvrir, même après plus d'un siècle...

*

Le 1ᵉʳ brumaire an III (22 octobre 1794), surlendemain de sa lettre, la Société populaire charge son Comité de correspondance de lui écrire « qu'il n'a jamais cessé de bien mériter de ses concitoyens, et que, sur la motion d'un membre, il a été arrêté que le certificat de la section des Amis de la Patrie, ci-devant Ponceau, ci-devant district de Sainte-Geneviève de Paris, et celui d'Esclavelles, seront remis au citoyen Patry par les citoyens Horcholle et Accard, que la Société charge de lui faire « les compliments les plus fraternels ».

Les deux notables neufchâtelois investis de cette mission étaient choisis manifestement pour l'apaiser.

Vers 1793, M. Patry était juge au tribunal du district de Neufchâtel, et, un peu plus tard, maire d'Esclavelles. Deux certificats qui pourraient être les mêmes que ceux dont il s'agit dans sa lettre, attestaient l'un, du 23 mai 1794, de la commune de Paris, section des Amis de la Patrie, « délivré au citoyen P.-E.-G. Patry, représenté par la citoyenne C.-J. Gaudard, son épouse, à cause d'infirmités constatées par les officiers municipaux d'Esclavelles, que, depuis le 1ᵉʳ juillet 1789 jusqu'au 22 avril 1793, il avait résidé à Paris, rue Sainte-Appoline ; et l'autre de la commune d'Esclavelles, du 10 messidor an II (28 juin 1794), porte qu'il y réside depuis le 1ᵉʳ mai 1793.

La famille Patry possède certainement les portraits de l'ancien directeur des aides et de son fils le baron Patry. Nous avons rencontré deux laissez-passer à eux délivrés sous le Directoire, avec signalement, et que voici :

I..... Le citoyen Pierre-Étienne-Georges Patry, propriétaire à Neufchâtel (Seine-Inférieure), désirant rester à Paris trois décades, logé à Paris, rue Appoline, 30 : 54 ans ; 5 pieds 4 pouces ; cheveux blonds, sourcils *idem* ; yeux bleus, front découvert, bouche grande, menton ordinaire, visage plein. — Valable pour un an. — Paris, le 16 frimaire an III (6 décembre 1797).

II..... Laissez passer le citoyen Ange-Émile-Jacques Patry, étudiant, domicilié à Neufchâtel, logé à Paris, rue Appoline, 30 ; 17 ans, 6 pieds 5 pouces ; cheveux châtains, sourcils *idem*, yeux gris, front couvert, nez ordinaire, bouche moyenne, menton long, visage plein. — Valable pour un an. — Sans date.

II

Les brayons de la région de Neufchâtel durent éprouver une grande déception en ne voyant pas figurer le chef-lieu de l'arrondissement à l'itinéraire du voyage du Premier Consul en une partie de cet arrondissement même et au chef-lieu du département en brumaire an XI (octobre-novembre 1802). Ils s'en consolèrent avec les souvenirs de la tournée du « préfet général » Beugnot, revenant de Dieppe par les Grandes-Ventes et les Hayons, en bifurquant vers Neufchâtel.

Le voyage préfectoral, parsemé d'incidents et même d'accidents de voiture et de cheval, pourrait bien se trouver en réalité plus curieux encore qu'il ne l'est dans les extraits, parfaitement choisis pourtant, compris dans le très-intéressant volume : *Un préfet du Consulat*, publié en 1907 par M. Etienne Dejean, directeur des Archives nationales (1).

Il faudrait y joindre quelques éclaircissements nécessités par l'excessive discrétion du grand préfet, et surtout par les préoccupations de toutes sortes que lui causait l'enquête sur des fonctionnaires et des objets divers, auxquels il devait consacrer toute son attention et parfois même prodiguer ses attentions.

Faisons remarquer d'abord que Beugnot ne paraît pas se douter qu'il voyage en un jour de fête surtout chez les habitants de la campagne. Il chemine avec sa femme, un ingénieur et un général le jour des Rois, réjouissance familiale commencée dès la veille en tous les hameaux, villages, bourgs et petites villes de la Haute-Normandie, même sous la République, le Consulat et l'Empire... Nous ne pouvons affirmer que, comme son éditeur, Beugnot s'est trompé de date, mais c'est bien le mardi 6 janvier 1801, et non le 5, comme le fait imprimer par mégarde M. Etienne Dejean, que « pendant que les chevaux rafraîchissent », le préfet et ses compagnons de voyage « revenant de Dieppe, où ils ont passé trois longs jours au milieu des compliments, des bals et des harengs », prennent *un air de feu*, dans une ferme des Ventes-

---

(1) Le *Journal de Rouen* en a donné de remarquables appréciations et de suggestifs extraits signés de Georges Dubosc.

d'Eawy (les Grandes-Ventes, commune alors du canton de Bellencombre, arrondissement de Neufchâtel et non « commune de La Feuillée (*sic*) canton d'Argueil!)

Le hasard a mis en présence de Beugnot un groupe de notabilités du village : « Un savant rural, frondeur des autorités, qui vante le maire d'avoir acheté *les* biens du président Le Cordier de la Londe... » Aux Grandes-Ventes se trouvait, en effet, un grand domaine provenant de Thomas et Vincent Moïse Le Cordier (1). Les fermiers du lieu et d'autres du voisinage, au nombre d'une vingtaine, s'en étaient rendus acquéreurs et nous pourrions citer leurs noms. Les prix d'adjudication s'élevaient au total à près de 630,350 livres, auxquelles s'ajoutèrent ceux des ventes de l'an III, soit, pour les biens Le Cordier du district de Neufchâtel, plus de 780,000 livres. L'un des Le Cordier possédait à Orival et à la Londe (près d'Elbeuf-sur-Seine), des immeubles dont les prix s'élevèrent à 185,210 livres. L'hôtel Le Cordier, rue de la Chaîne, à Rouen, fut acquis par J.-Ch. Barbin 90,100 livres. Le 2 mars 1793, le département annonçait au ministre de l'intérieur qu'il avait été trouvé 47,000 livres en or, à la Londe, près d'Elbeuf, chez le sieur Le Cordier, émigré. L'émotion causée par cette trouvaille fut telle que lorsque le trésor fut apporté à l'Hôtel de Ville de Rome, des applaudissements éclatèrent. (Reg. de l'Hôtel de Ville, etc., Floquet, *Hist. du Parlement de Normandie*, t. 7, p. 70.)

On conçoit qu'en 1801, ces confiscations et ces acquisitions n'étaient pas encore oubliées autant qu'en 1901, année de la publication par M. Dupré, instituteur, d'une *Histoire des Grandes Ventes*, dans laquelle il n'est nullement question des ventes de biens d'émigrés, ni de la courte station de Beugnot dans le petit bourg.

M. Dupré ne mentionne même pas l'existence aux Grandes-Ventes au cours de la Terreur, d'une société populaire et d'un comité de surveillance, où ne régnait point un parfait accord. La société comprenait 24 membres, dont nous avons la liste et tenait

---

(1) Le fief, terre et seigneurie des Ventes d'Eawy, en la sieurie et haute justice de ce nom, des Ventes-Saint-Rémy, la Chapelle-prend-en-Bourse, consistant en tabellionnage, sergenterie, etc., avait été acquis le 26 novembre 1657 par M. de Rassent, conseiller au Parlement, des religieux de Beaubec.

ses séances dans l'église. L'une des principales a dû être celle du
2 février 1794 (14 pluviôse an II), présidée par Jean Levasseur,
maire. Il y fut procédé à l'élection d'un comité de surveillance
dont le même Levasseur fut élu président. L'un des membres fut
le notaire public du lieu, élu à l'unanimité de 24 voix. Nonobstant, sur pétition d'un membre, Courtois (*sic*) fils, prétendait que
les fonctions de président du Comité étaient incompatibles avec
celles de maire. Un autre, ayant « vendu de l'or » ne devait pas
être regardé comme un vrai républicain.

Le 26 brumaire an II (samedi 16 novembre 1793) sur une lettre
du comité de surveillance, G..., juge de paix et de police correc-
tionnelle du canton de Bellencombre, se transportait au « ci devant
château » de Le Cordier jeune, émigré, où Jean Saulnier, président du comité de surveillance, pour l'absence de Mollard et tous
les autres membres du Comité, représentèrent une lettre du samedi
8 février, signalant comme suspects Boutigny, « desservant »
comme cuisinier dans la *maison* du ci-devant propriétaire du châ-
telain de la Heuze, Capelain, agent de Le Cordier jeune, et
Dumouchel, demeurant audit château. Ceux-ci furent conduits
et détenus au ci-devant château de Mesnières, devenu maison de
détention jusqu'au 20 août 1794.

Il nous faut noter que dès janvier 1791, Jacques Levasseur plai-
dait contre Le Cordier de la Heuze, qui avait pour « homme de
loi » Delacouldre, devant le tribunal du district de Neufchâtel.

On conçoit qu'au commencement de 1801, tout cela, sans doute
comme quantité d'autres choses, n'était pas encore oublié et que
l'on était heureux d'avoir l'occasion d'en parler devant un préfet
qu'on ne savait pas enchanté d'avoir été emprisonné sous la
Terreur et surtout d'avoir été libéré à temps.

La mésaventure qui avait contraint l'équipage préfectoral à sta-
tionner aux Grandes-Ventes se renouvela un peu plus loin : la
voiture se rompit encore, et il fallut se résoudre à recourir une
seconde fois à l'hospitalité de quelque riverain du chemin. Là, on
s'attendait à voir bientôt passer sa voiture. Il se fit connaître, et
troqua son cheval indocile pour la monture d'un gendarme qui,
probablement se mit à côté du cocher.

A un quart de lieue des Hayons, nouvel incident. Enfin, il arrive
aux Hayons, où il trouve le sous-préfet, à cheval aussi, et qu'il ne

nomme même pas. C'est d'Alleaume, accompagné de la gendarmerie et de la garde nationale de Neufchâtel.

« Compliments des maires des villages voisins, ceints d'écharpes, la tête haute, « la démarche respectueuse et pourtant assurée. » Le préfet s'avance vers le cabaret, précédé du maire porte-réverbère, lequel, lors du départ pour Neufchâtel, marchait gravement au centre du cortège, l'écharpe sur la poitrine, le réverbère au poing ».

Nous nous imaginons que le « réverbère » n'était rien de plus qu'une lanterne, pourvue d'une chandelle des Roys... et nous ne sommes pas éloigné d'affirmer que le maire *avisé*, qui s'en était muni pour suppléer à l'insuffisance de l'éclairage donné par les lanternes de la berline préfectorale et par les fenêtres d'un cabinet et peut être des rares habitations voisines, n'était autre que le maire de la commune d'Esclavelles, dont dépendent les Hayons, c'est-à-dire M. Patry, en même temps président du canton. Le logis du Mont-Edeline, où il résidait, est à peu près à égale distance des Hayons et de Neufchâtel, et non loin de la route suivie par le cortège de janvier 1801.

Aucun des historiens locaux ne mentionne la réception officielle du préfet aux Hayons ; il serait à supposer que les registres municipaux d'une commune pourvue d'un maire d'élite tel que M. Patry en conservent le souvenir au moins par quelque mention. s'ils ne donnent pas le texte des allocations échangées entre le préfet et le maire, — et peut-être même le curé... Mais les registres qui s'appliquaient aux années 1789 à 1805 ne se retrouvent pas à la mairie. Vraisemblablement ils ont eu le même sort que ceux de nombre d'autres communes de la région...

Tout au moins ces registres doivent-ils relater le court arrêt aux Hayons, en septembre 1802, du général Premier Consul, venant de l'arrondissement de Dieppe, avec Madame Bonaparte, le ministre Chaptal et un imposant cortège, au devant desquels s'étaient portés le sous-préfet d'Alleaume, et sûrement M. Patry, maire d'Esclavelles, dont le fils s'était marié six mois auparavant. Très vraisemblablement ,nul ne vérifia alors si, par les Mouchard, de Neufchâtel, les Patry ne se trouvaient pas être parents — à un degré éloigné — de la future impératrice, Joséphine de Beauharnais.

On songeait à des choses plus sérieuses : les autorités et notables tanneurs de Saint-Saens vinrent présenter au Premier Consul leurs doléances, résumées en un *Mémoire* ayant pour titre : *Statistique de Saint-Saens*, se terminant ainsi : « Tel est (*sic*) en abrégé, l'origine et les progrès de Saint-Saens qui, par sa position, ses relations avec les villes voisines, les trois courants d'eau vive qui le traversent, et sa proximité de la forêt d'Eawy, deviendrait un centre important, s'il avait des chemins de communication aux grandes routes de Rouen à Neufchâtel et de Dieppe à Paris ; mais, situé à deux mille toises de ces routes, il n'a pas même de chemin praticable pour y accéder ; aussi les habitants ont-ils profité de l'époque mémorable du passage de l'Empereur aux Hayons pour les lui demander ; sa réponse a été aussi prompte que favorable, et il ne reste à désirer que l'exécution, qu'ils ont le droit d'en attendre ». Cette fin confirme que, postérieurement, le *Mémoire* fut remis au préfet.

Sans doute des neufchâtelois se trouvèrent-là, mais le plus grand nombre, ainsi que le sous-préfet et le Tribunal, se rendirent à Forges, où l'enthousiasme fut grand. Bonaparte et Joséphine déjeunèrent chez le maire le 21 brumaire (vendredi 12 novembre 1802). Le président du Tribunal de première instance de Neufchâtel, au nom de ses collègues, du commissaire du gouvernement et du substitut du Tribunal, qui l'accompagnaient, fit au premier Consul et à Mme Bonaparte des allocutions émues. Le premier disait à Bonaparte : « Nous pouvons donc aussi présenter nos hommages « au plus grand... des grands hommes ! A Napoléon Bonaparte, « c'est tout dire... Daignez, général premier Consul... »

Bonaparte fit des questions au président, au commissaire du gouvernement et au substitut, relatives à leurs fonctions. Leurs réponses parurent le satisfaire.

Au sous-préfet d'Alleaume il enjoignit de veiller avec attention à ce qu'aucun ministre du culte « ne tînt ni propos en particulier, ni discours en public, tendant à faire regarder comme nul ce qu'avaient fait légitimement les prêtres sermentés... » Il se trouvait que celui qui lui avait le premier porté la parole (l'ex-curé Lerat) était à la fois un prêtre marié et un membre du conseil d'arrondissement.

Le président du tribunal de Neufchâtel était Pierre-Nicolas-Barthélemy Daupeley qui, le 5 avril 1808, sur l'avis motivé d'une commission instituée par l'article 3 du sénatus-consulte du 18 octobre 1807, concernant l'organisation judiciaire, et par décret du 24 mars 1808, dut quitter son poste le 15 du même mois d'avril.

Il parvint à se faire inscrire au barreau de Neufchâtel, malgré l'opposition de l'avocat Concédieu, et provisoirement.

Ce voyage de 1802 à Rouen apparaît, dans la publication de M. Et. Dejean, comme ayant eu lieu pour montrer l'intérêt porté par le chef de l'Etat à l'industrie et au commerce de la grande ville. Le discours du préfet à Bonaparte et à sa femme débute assez naturellement en flatterie de courtisan plutôt que de fonctionnaire, donnant le ton aux autorités du département : « Nous « venons de porter nos hommages au chef de l'Etat et vous voyez « qu'aucun de nous n'a pu se défendre du saisissement qu'excite « la présence d'un grand homme. L'esprit s'effraie de la distance « qui le sépare du reste des mortels ; mais le cœur est rassuré si « l'on aperçoit auprès de lui une compagne parée de toutes les « vertus aimantes et douces. »

Un contemporain de Bonaparte et de Beugnot, Claude Fauriel, dans « *Les derniers jours du Consulat* (1) », croit, sans oser l'affirmer, que le Consul perpétuel avait déjà, à cette époque, le projet de se faire monarque héréditaire, en voyant les soins qu'il prenait de faire traiter son épouse en reine. « Au retour de l'illustre couple venant ainsi de s'essayer aux airs de la Majesté royale,... le Sénat et les autres grands corps... n'osèrent refuser à l'épouse du chef de l'Etat un hommage... et d'aller chercher le premier exemple dans les murs de Rouen. »

Une particularité qui apparut peut-être davantage aux brayons, c'est la ressemblance, sans doute inévitable, dans le fond des allocutions de 1802 échangées à Neufchâtel par le préfet et le maire, et à Rouen entre Bonaparte et le maire Defontenay.

On pourrait assez utilement suivre au pays de Bray les progrès de la campagne bonapartiste. Citons-en deux épisodes qui risqueraient fort de se trouver oubliés.

Certaine troupe de comédiens ambulants, en représentation à Neufchâtel vers 1798, sous le Directoire, et dirigée par l'un d'eux, L.-M. Simonet-Rozellemont, artiste et membre de différentes sociétés savantes, poëte à l'occasion, attirait les curieux. Simonet envoyait, le 18 messidor (3 juillet 1798), à l'approche de la foire de la Saint-Martin d'été, aux administrateurs de la commune de Neufchâtel, « un hommage civique à la Victoire, un *Hymne au*

---

(1) Publié par Ludovic Lalanne, en 1886.

grand général Buonaparte sur sa dernière victoire, signalée par la prise de Malthe. Cela aura lieu demain ».

La présence de ce document aux Archives départementales viendrait peut-être de ce que l'on a voulu, depuis, intéresser Beugnot au théâtre de Neufchâtel, ce qui résulterait d'ailleurs d'un passage non publié de ses rapports, où il mentionne ce fait peu connu que, vers 1703, les *Fourberies de Scapin* furent représentées dans une des églises de cette ville.

La troupe Simonet était vraisemblablement à Neufchâtel dès avant le 24 mai 1798, date à laquelle la Commission administrative de l'hospice, toujours vigilante, écrivait à l'administration municipale de canton qu'il s'était établi à Neufchâtel un spectacle sur lequel l'hospice avait des droits à exercer « en conséquence d'une loi existante » et dont ils ignoraient la date (1), qu'ils demandaient, pour faire jouir l'hospice de ses droits. Cette commission était alors composée de MM. Rose, Delestre, Decorde et Gressent, secrétaire. La commission désigna, pour organiser la perception, MM. Lefebvre, surnuméraire au bureau de l'enregistrement, J.-B. Duvivier, vivant de son bien, J.-B. Dumont, sellier, Antoine Colombel, aubergiste, et Louis Michel Aubert, rentier. Ceux-ci nommèrent le receveur; il devait y avoir toujours un membre à la distribution des billets d'entrée dans les spectacles. Le droit préexistant d'un décime par franc était applicable uniquement aux besoins des hospices et aux veuves, à domicile.

Voici les vers de Simonet, inédits croyons-nous, et qui sont restés inconnus des neufchâtelois de nos jours.

HYMNE AU GRAND GÉNÉRAL BUONAPARTE SUR SA DERNIÈRE VICTOIRE SIGNALÉE PAR LA PRISE DE L'ISLE DE MALTHE.

Air : *La Victoire en chantant.*

I

Du plus grand des héros célébrons la vaillance,
Immortalisons ses exploits :
Qui pourrait l'égaler en courage, en clémence ?
Aux peuples il donne des loix !

---

(1) Lois du 2 frimaire an VI (22 nov. 1797).

Partout les foudres de la guerre
Précèdent le jeune mortel,
Et de l'un à l'autre hémisphère
Chacun lui dresse son autel.
Rendons hommage à la Victoire
Qui, le front paré de lauriers,
Viens sourire auprès de Mémoire
Au plus valeureux des guerriers.

II.

Combattons pour nos droits, allons sous sa bannière
Chercher la gloire au champ d'honneur,
C'est l'ami des soldats, l'appui de la chaumière,
Qui guide le Français vainqueur.
Minerve soutient sa fortune
Et Jupiter arme son bras.
Déjà le Trident de Neptune
Sur l'onde dirige ses pas

(1) . . . .
. . . .
. . . .
. . . .

III

Quel heureux avenir ! Quelle pompe éclatante
Pour la France et ses défenseurs.
Au sein de la patrie auguste, indépendante,
Renaîtront les sept doctes sœurs.
Apollon reprendra sa lyre
Pour chanter le nom d'un héros,
Déjà ma faible voix soupire
Quelques vers sur tous ses travaux

(1) . . . .
. . . .
. . . .
. . . .
. . . .

---

(1) Nous avons cru devoir supprimer les refrains des deux couplets,
qui ne sont pas opportuns.

Peut-être admettrait-on que, plus près du monde officiel neuf-châtelois, certaines manifestations analogues se soient produites efficacement un peu plus tard. Voici un spécimen des accès aigus et variés d'impérialisme dont on retrouve les traces, non dans la presse locale, qui n'existait pas, mais dans un imprimé de huit pages, distribué en janvier 1802, et portant ce titre : *Société d'Emulation de Neufchâtel*, pour le progrès des Sciences, des Lettres et des Arts, et ce sous-titre : *Règlement de la Société médicale et d'émulation de la ville de Neufchâtel* (1), pour le progrès des Sciences, des Lettres et des Arts, élaboré par les fonctionnaires : Ciszeville, président, Leborne fils, secrétaire général, et Delestre, secrétaire adjoint.

Dans les premières pages de ce *Règlement* on lit des tirades dont l'enthousiasme dépasse celui des discours qui accueilleront dix mois après le premier Consul, même à Forges-les-Eaux : ... « De tout temps, les révolutions ont produit, chez les peuples qui les ont éprouvées, des changements qui, très souvent, ont procuré leur bonheur ; telle est la position dans laquelle nous place celle que nous venons d'éprouver... Tel est l'ordre établi par cet homme immortel dont l'éclat des vertus fera l'admiration de la postérité la plus reculée. Oui, c'est à toi, Bonaparte..., que nous sommes redevables de tous ces bienfaits ; oui, toi seul, après des temps aussi calamiteux, pouvait faire naître dans nos âmes, le désir de ce rapprochement si naturel aux hommes... »

L'excellent homme qui s'exprimait avec cette véhémence n'était autre que Delestre, pharmacien, maire de Neufchâtel, lequel tient à révéler que le citoyen Beugnot, applaudissant à ce zèle, lui a fait connaître, par l'organe du sous-préfet, qu'il verrait, avec satisfaction, s'établir à Neufchâtel une société entièrement dévouée au soulagement de l'humanité souffrante. « Il a fait plus ; son goût, son amour pour les Arts, l'ont porté à nous assurer de sa bienveillance, aussi bien que de la protection du Gouvernement ».

III

La situation sociale de M. Patry et celle de ses parents le mettaient en évidence autant que ses fonctions de président de

___

(1) In-8, 8 pp. A Neufchâtel, chez Fendy, imprimeur, s. d. (24 janvier 1802).

l'assemblée municipale de canton et de membre du collège électoral du département. Parmi les notabilités régionales pourvues de ces mêmes fonctions figuraient M. d'Aubusson de la Feuillade du Thil-Riberpré (canton de Forges) marié à Mlle de la Barberie de Réfuveille, décédée à Florence, fille de M. de Réfuveille, capitaine des Cent-Suisses, lors de la prise de la Bastille, condamné à mort par le Tribunal révolutionnaire de Paris (1). M. d'Aubusson de la Feuillade, chambellan de l'Empereur, ambassadeur à Naples, fut choisi pour aller en 1809, au devant de S. M. l'Impératrice Marie-Louise... succédant à Joséphine..

Quoique ses hautes fonctions ne lui eussent pas permis de prendre part bien souvent aux travaux de l'Assemblée départementale, il est probable que M. Patry l'avait rencontré, le connaissait. Le fils de celui-ci, Ange-Emiles-Jacques Patry, âgé en 1804 de 24 ans, s'était marié cette année même avec Mlle de Beaurepaire de Louvagny, et pouvait déjà être entré dans la carrière administrative. En 1814, il fut nommé maître des requêtes surnuméraire, et le 24 août 1815, c'est-à-dire après les Cent Jours, sous la seconde Restauration, maître des requêtes ordinaire, en même temps que MM. de Janzé, gendre de Bigot de Préameneu, et Hély d'Oissel.

Dans sa profession de candidat à la députation, en 1833, il rappelle que Napoléon l'employa successivement en Espagne et en Allemagne. « J'étais, dit-il, auprès de lui, aux batailles de Dresde, de Leipsick, et de Hanau (1813). C'est à ces services que je dois d'être décoré de la Légion d'Honneur. En 1814, maître des requêtes, j'ai pris part aux travaux du Conseil d'Etat jusqu'en 1820. C'est l'honorable M. Lainé qui m'avait nommé en 1818, chef de division au ministère de l'intérieur. » C'est ainsi que l'on rencontre parfois la signature Patry à des lettres accordant un congé à quelque sous-préfet de Neufchâtel.

Il semble que pendant « les terribles années 1803-1804 » Patry père continua à résider fréquemment à Neufchâtel et dans le voisinage. Les débuts et la découverte de la conspiration de Georges Cadoudal et de ses affidés vinrent réveiller les « espérances » des royalistes tels que d'Haussez, qui atteignait sa 25e année. Il ne voyait point de chemin ouvert à ses ambitions, et son inac-

_____

(1) La Normandie hist. : *Le Marquis de Réfuveille*, année 1894, juin-juillet.

tion lui pesait. Comment se mit-il en rapport avec les conjurés ?
Le secret en reste toujours bien gardé, et la partie de ses Mémoires
où devait se trouver ses révélations, si toutefois elle existe, est
demeurée inédite, inconnue.

Le général de brigade Savary (1) pour se rendre à Biville-sur-
Mer — non loin du Tréport et d'Eu — avait pour guide le jeune
Gaston Troche, arrêté comme son père, horloger à Eu, et proche
parent d'un avocat de ce nom à Neufchâtel, ancien professeur de
grammaire à Riom (Auvergne) et de logique à Boulogne-sur-Mer,
qui joua un certain rôle pendant la Révolution, et refusa en 1817,
lors du procès de Mathurin Bruneau, à Rouen, de rédiger un
Mémoire en faveur de ce faux dauphin.

Sur des renseignements obtenus de Troche fils, Savary fit arrêter
dans la région de Dieppe et de Neufchâtel entre autres MM. de
Calonne, de Bourbel-Montpinçon, de Cacqueray, d'Imbleval,
Mme d'Ancourt, les époux Monnier, d'Aumale, Vernet, et à
Neufchâtel, Lespine, connu par ses discussions au sein de l'administration de cette ville, qu'il présida, et marié à Mlle Toussaint,
fille du préposé à la recette des finances de l'arrondissement. Il y
eut d'ailleurs nombre d'arrestations, dont les récits officiels du
procès ne font pas mention. Dans son *Histoire manuscrite de
Bully*, M. Fourcin raconte que Martin Jérôme, maître potier,
maire révolutionnaire et concierge de la maison d'arrêt du château de Mesnières, accusa Balavoine d'avoir donné asile à Cadoudal
et à Pichegru, débarqués le 13 août 1803. Jérôme n'avait pas
attendu la conspiration pour devenir bonapartiste : le 11 novembre 1802, le même Jérôme sachant que le Prince Consul
passera par Martincamp à son retour de Dieppe, fait apporter sur
les bords du chemin tous les produits des fabriques de poterie du
hameau : le futur empereur ne daigna pas s'arrêter...

De pluviôse à floréal an XI (février-avril 1803) à la Conciergerie
du Palais de Rouen, Beugnot, préfet, procède à divers interroga-
toires de conspirateurs de marque : Pierre-Louis Picot qui,
d'abord, prétend être Jean-Jacques Dupuis, domicilié à Londres,
et y vivant des secours du gouvernement anglais, et d'un com-

(1) Marié en 1802, devenu ministre de la police en 1810-1811. Sous la
monarchie de juillet, son gendre, M. de Soubeiran-Raynaud, fut
receveur particulier des finances à Neufchâtel.

merce particulier, et un certain Lebourgeois. Dans leurs papiers est le plan d'une machine. « Leur capture est due au zèle éclairé du sous-préfet de Pont-Audemer, Eudes Gaillon ».

Le sous-préfet de Neufchâtel, d'Alleaume, eut à s'occuper des conséquences de la mission « en l'arrondissement communal de Neufchâtel, du citoyen Reydy, chef d'escadron de la première légion de gendarmerie ». Le 8 ventôse an XII (dimanche 29 janvier 1804) il écrit au préfet : « Reidy m'a adressé aujourd'hui un état de dépenses par lui faites depuis qu'il est parti de Paris. » Cet officier l'avait prié de lui en faire avancer le montant par le receveur particulier des contributions (Toussaint), dont la discrétion dut être mise à une rude épreuve. D'Alleaume se crut obligé d'aviser le préfet qu'il avait délivré un mandat provisoire de 4,130 fr. 30, acquitté par Toussaint, qu'il priait Beugnot d'adresser au grand Juge, souscrit de son visa. Il le priait aussi de faire rétablir cette somme dans la caisse du receveur général, envers lequel le citoyen Toussaint se trouvait comptable, et d'en informer le receveur général : « Les besoins du service, ajoutait d'Alleaume », ont nécessité cette mesure, à laquelle je me suis prêté volontiers *d'après l'entretien que j'avais eu avec vous ici*, et l'assurance que vous m'avez donnée de faire l'envoi des mémoires au Grand juge.

Voici une autre lettre plus intéressante du même :

« Département de la Seine-Inférieure.

« Arrondissement, commune de Neufchâtel.

« Police secrète.

« Rapport sur la Conspiration découverte.

« *Neufchâtel, le 2 ventôse an XII de la République française (22 février 1804).*

« Le sous-préfet au préfet du département de la Seine-Inférieure.

« Citoyen Préfet,

« J'ai reçu votre lettre du 23 pluviôse, et les exemplaires y « énoncés du rapport du grand-juge contenant les détails du « complot tramé entre la République et le Premier Consul. J'en « ai fait afficher sur le champ un exemplaire dans la ville de « Neufchâtel. J'en envoie dans les villes et dans les principales « communes par la poste. Sous trois jours il y en aura dans toutes « les communes. Salut et respect. Signé : Dalleaume. »

« P.-S. — Le général Savary est arrivé ici hier à sept heures du soir,
« et il est reparti ce matin à neuf heures pour se rendre à Rouen.

« Payen, dit Gabriot, de Conteville, renvoyé de Dieppe, est dans la
« maison d'arrêt de Neufchâtel jusqu'à ce que le chef d'escadron Reydy,
« l'ait interrogé et qu'il ait pris un parti, soit pour le renvoyer dans
« son domicile, soit pour l'envoyer ailleurs.

Où, quand et par qui fut dénoncé M. d'Haussez ? Où fut-il arrêté
et détenu ? Les quelques détails auxquels nous nous restreignons
semblent autoriser à imputer à Troche les révélations qui firent
impliquer d'Haussez dans les premières enquêtes au cours desquelles eut lieu leur confrontation à la falaise de Biville ; mais
n'avait-il pas été interrogé lors de son arrestation ?

Quoi qu'il en soit, et quoiqu'on ne sache rien des préliminaires
le concernant avant l'arrivée à la falaise de Biville du général
Savary, d'Haussez, de Troche et sans doute des gendarmes, il
semble résulter de la lettre du sous-préfet d'Alleaume que le
préfet et le général passèrent par Neufchâtel et s'y arrêtèrent.
Peut-être y firent-ils prendre d'Haussez. Ces conjectures en
entraînent d'autres qui trouveront leur place dans la suite de notre
enquête rétrospective...

Les *Mémoires* de M. d'Haussez ne sont pas moins circonspects
que ceux de Beugnot et de Savary sur ce qui s'est passé à Biville,
ou plutôt ils sont muets. Mais ils sont précédés d'une copieuse
préface de MM. de Circourt et de Puymaigre au cours de laquelle
ceux-ci sont amenés à emprunter à un livre de M. Georges de
Cadoudal, ex-conseiller général du Morbihan, neveu du célèbre
chouan : *Georges Cadoudal et la Chouannerie*, publié en 1887 (1),
une « anecdote » qui n'est autre que le pittoresque récit de la
confrontation de la falaise de Biville « d'après les *Mémoires* de
M. d'Haussez, mémoires qui ne sont pas ceux de la préface desquels
il s'agit en 1896.

Le récit de la confrontation Troche-d'Haussez ne provient pas
comme le dit M. de Cadoudal des *Mémoires* de l'ex-ministre de la ma-
rine. Il a paru en 1865 et peut-être même dans une ou plusieurs des
quatre éditions précédentes de l'*Histoire de la Vendée militaire*, de
Crétineau-Joly et sensiblement plus complet que dans les citations
d'apparences littérales de M. de Cadoudal. M. Huon de Penanster,

____

(1) In-8o, Paris, Plon, 1887.

dans une *Conspiration en l'an XI et en l'an VII* (1), s'abstient d'en parler et ne nomme pas M. d'Haussez quoique son chapitre xv soit consacré à l'expédition de Savary à la côte en février.

Crétineau-Joly ne parle pas, à ce sujet, de *Mémoires* de M. d'Haussez, mais bien de *Notes historiques* à lui fournies par celui-ci. Et ces *Notes*, qu'il reproduit textuellement et *in-extenso*, sont évidemment, malgré les suppressions ultérieures, la source des emprunts de M. de Cadoudal neveu et de MM. de Circourt et de Puymaigre.

Il nous faut maintenant revenir brièvement à ce qui se passe à la falaise de Biville : Toutes les imputations de Troche fils, touchant le rôle de d'Haussez donnent lieu à des questions précises de Savary à d'Haussez qui y répond successivement par des dénégations. Les réponses de l'inculpé sont aussi formelles que les accusations. Elles lui sont dictées, à fur et mesure, par des signes de tête que fait Beugnot, debout derrière Savary moins grand que lui, tandis que d'Haussez (ajoute M. de Cadoudal neveu) est aussi grand que Beugnot.

Le récit détaillé de la scène de la confrontation et de l'interrogatoire est très attachant, mais ne suffit pas à satisfaire toutes les curiosités. D'abord, il semble indiquer que d'Haussez n'était en rien préparé à la comédie dans laquelle il tenait l'un des principaux rôles. Ensuite, comment admettre que le général Savary, d'une part, et Troche de l'autre, n'aient pu s'apercevoir de rien à aucun moment de la muette dictée de réponses par Beugnot à d'Haussez. Savary ne voyait pas Beugnot, mais il voyait d'Haussez quêter le signe, et Troche, au cours des questions pouvait les voir tous les deux. C'est miracle que dans cette conversation à quatre, nul ne se soit aperçu de l'étrange intervention du silencieux mais non immobile Beugnot.

Quoiqu'il y ai eu, Savary, qui a aussi publié ses souvenirs, n'en dit rien qui exclut l'hypothèse d'une entente préalable avec Beugnot pour tirer d'affaire d'Haussez, qu'il ne nomme même pas. Et ce qu'il dit du jeune Troche, dont il s'occupe durant une bonne page, porterait à admettre que lui, Savary, put s'associer passivement à la scène mimée de Beugnot. De Troche fils il retient qu'il avait « autant de finesse que d'ingéniosité », et que, s'agissant

---

(1) Un vol. in-8°, Plon, Nourrit et Cie, 1896.

de s'emparer d(...ajurés, il mettait autant de zèle à aller tendre
un piège à ceu). (des conjurés) qui *arriveraient*, qu'il avait pu en
mettre à servir ceux qui avaient passé... Gaston Troche venait
seulement de s'apercevoir qu'on l'avait employé à des intrigues
qui pouvaient le conduire à l'échafaud.

Ce ne sont pas les *Mémoires* de Beugnot qui éclairciront ces
mystères d'importance secondaire : ils ont une lacune voulue et
fort importante comprenant toutes les années durant lesquelles
se sont déroulées les péripéties des conspirations Cadoudal. Cela
n'a pas empêché MM. de Circourt et de Puymaigre de reconnaître
que d'Haussez fut le *complice* de Georges (1).

On sait que d'Haussez ne figura point au procès, et l'on ajoute
qu'il fut mis en surveillance pendant quelques années au cours
desquelles il fut nommé maire de Neufchâtel, en remplacement
de Delestre, démissionnaire, et installé avec des discours de celui-
ci et de Pocholle.

Mais Troche fils et son père n'en furent pas quittes à si bon
marché. Leur rôle subalterne, — peut-être n'étaient-ils pas même
dans le secret de Georges (2) — les fit acquitter. La surveillance
sous laquelle on les mit, les obligeait à résider à Vernon (Eure).
Or, le 27 décembre 1805, Troche père y fut accosté à la prome-
nade par un inconnu qui, lui ayant demandé s'il n'était pas
M. Troche, lui dit que Mme Williams, de Liverpool, désirait lui
parler pour affaire intéressante ». Troche répondit avec humeur
qu'il ne connaissait pas cette dame et ne voulait pas la voir...
Cependant il la connaissait et avait eu de fréquentes relations avec
elle cinq à six ans auparavant... Il est question d'elle dans une
lettre d'Hyde de Neuville au comte d'Artois du 15 janvier 1800.
« Le matelot Dieppois fusillé à Rouen il y a huit mois, l'a conduite
une fois en Angleterre... » Il est à remarquer que quatre jours
avant qu'on parlât à Troche, la diligence de Rouen avait été volée
près de Rouen.

Troche fils, âgé de trente ans, horloger, demeurant à Neufchâtel,
Grande-Rue, fils de Pierre-Michel Troche et de Marie-Marguerite

---

(1) Préface citée, p. 12.

(2) Ernest d'Hauterive, *La Police secrète du premier Empire, Bulle-
tins quotidiens adressés par Fouché à l'Empereur*, t. II, 1805-1806,
pp. 212-213, n° 658. Librairie académique Perrin et Cie, 1913.

Morel, d'Eu, se maria à Neufchâtel le 12 novembre 1812, à Marie-Madeleine Armand, trente-sept ans, née à Richemont, canton de Blangy-sur-Bresle, dont la mère habitait Preuseville, localités où habitaient d'anciens complices des chouans. Troche était brouillé avec son père auquel il fit signifier des actes respectueux qui furent suivis d'opposition au mariage, dont main-levée fut prononcée par jugement du 12 octobre. Troche fit appel de ce jugement, puis se désista. Ce ne fut pas M. d'Haussez, alors maire de Neufchâtel, qui procéda au mariage. Il fut substitué par l'ex-curé de N.-D., Vincent, premier adjoint au maire. Les témoins étaient Ch.-François Bodin, rentier, Prenant et Delannoy, cafetier, et Letellier, pharmacien.

En nous occupant des Troche nous avons rencontré un de leurs homonymes et parents, Nicolas-Michel Troche, né à Dieppe, le 20 août 1789, chef de bureau de l'état-civil du 4º arrondissement de Paris, et membre du Conseil diocésain de Paris pour l'œuvre des Missions étrangères, dont les travaux historiques sur Paris, assez nombreux, ont fait l'objet d'un *Essai bibliographique* de 1901, dû à M. Paul Lacombe, *parisien*. N.-M. Troche avait une fille, veuve d'un M. de Richelmi, de Turin. Ce nom de Richelmi se rattacherait-il à celui d'un homonyme impliqué dans une « affaire Rivarossa », devant la Commission militaire de Turin, qui l'acquitta en 1806! (1).

IV

La notice biographique consacrée à Pocholle par M. l'abbé Cochet comprend deux phrases aussi peu flatteuses pour notre sous-préfet que pour la ville de Neufchâtel, petite cité sans prétentions, que le célèbre archéologue lui-même eut pourtant assez fréquemment le plaisir de visiter : « Pocholle, écrit-il, *descendit progressivement jusqu'au dernier degré de l'échelle administrative ; le représentant du peuple, le préfet des Iles Ioniennes*, devint en 1804 le sous-préfet de Neufchâtel. *L'ancien conventionnel se cacha au fond d'une vallée obscure* pour y pleurer la mort de la République. Il sut toutefois embellir cet exil, où il resta douze ans, faisant le bonheur de ses administrés », dont quelques-uns ne

---

(1) Le plus connu à Neufchâtel de cette famille Troche est Jacques-Gilbert Troche, avoué à Neufchâtel au commencement du xviiiº siècle.

firent pas toujours le sien, semble-t-il, lorsqu'on sait à quelles
attaques, de la part notamment de Concédieu, parent et ennemi
de d'Haussez, Pocholle eut à répondre. On sait d'ailleurs que, trop
facilement, on peut découvrir dans les écrits, presque toujours
nombreux, d'un homme politique de la Révolution, des phrases
et même des pages à critiquer. Crétineau-Joly en donne une preuve
touchant Pocholle dans son *Histoire de la Vendée militaire*.

Ne semble-t-il pas, au surplus, que Pocholle, en Grèce, à
Ithaque comme à Corfou, pouvait se croire vraiment en exil plutôt
qu'à Neufchâtel, dans la riche et riante vallée de Bray, où les
bords de la Béthune lui faisaient oublier facilement ceux de la
mer Ionienne et de la Roër, sans nul doute rarement visités par
ses amis et d'où il ne pouvait pas, comme de Neufchâtel, se rendre
souvent à Dieppe, son pays natal, et quelquefois à Paris, ne fut-
ce que pour assister aux soirées de son ami Talma...

Le département de la Roër ne devait pas être un séjour enviable.
Encore en 1795 c'était une des régions où l'Angleterre faisait des
efforts particuliers pour amener des soulèvements, et c'était là
que se réunissaient ses émissaires : des déserteurs, des prêtres
autrichiens, trouvant là facilement des instruments de leurs
projets chez des habitants inquiets et fanatisés. Des efforts de la
gendarmerie parvenaient à empêcher les maux d'éclater. (*Etat de
la France en l'an VIII et en l'an XI*, publié par M. Aulard, p. 15).
Au surplus, en rentrant en Normandie, il devait, on l'a vu, y
y trouver aussi des complots...

Voici en quels termes, d'un laconisme autoritaire, le puissant
monarque de trente-cinq ans, monté sur un trône seulement
depuis moins de quatre ans, réalisa le vœu de l'ancien commissaire à l'armée d'Italie, âgé de quarante ans, et dont la carrière
politique devait se terminer environ dix ans après, en même
temps que la sienne...

> A *Aix-la-Chapelle*, ce 23 *fructidor an 12*
> (lundi 10 septembre 1804).

« Napoléon, Empereur des Français,

« Decrète ce qui suit :

« Article premier.

« M. Pocholle, secrétaire général de la préfecture de la Roër,
est nommé sous-préfet de Neufchâtel, département de la Seine-

Inférieure, en remplacement de M. Alleaume, membre du corps législatif.

« Article 2.

« Le ministre de l'Intérieur est chargé de l'expédition du présent décret.

« *Signé :* Napoléon.

« Par l'Empereur, le Secrétaire d'Etat.

« *Signé :* Maret. »

Huit jours après, on ignorait encore, à Neufchâtel, la nomination du sous-préfet. Pendant toute une semaine, les conjectures allaient leur train et, semble-t-il, on pensait que, cette fois encore, ce serait un compatriote ou à peu près, comme les premiers, Du Caurroy, venu de la ville d'Eu, et d'Alleaume, habitant Trefforest et Neufchâtel. Il y eut d'invraisemblables candidatures, dont on s'amusait.

Parmi les plus impatients d'apprendre le nom du nouveau fonctionnaire figurait, on s'y attend, le président sexagénaire de l'Assemblée municipale du canton de Neufchâtel, dont le fils s'était marié en avril précédent, et que tout à l'heure nous présentions à nos lecteurs. M. Patry père imagina, pour être sûrement fixé, d'écrire au préfet Beugnot, après s'être vainement adressé à Paris... en quelque ministère, qui ne put ou ne voulut le renseigner.

Voici sa lettre :

Neufchâtel, 30 fructidor an XII (lundi 17 septembre 1804).

« Le président de l'Assemblée du canton de Neufchâtel,

« Au Préfet du département de la Seine-Inférieure.

« Monsieur,

« En arrivant à Paris il y a quelques jours, j'ai appris qu'on n'avait point encore nommé un successeur à M. Dalleaume, appelé au Corps législatif. S'il en est encore temps, si vous ne vous intéressez pas personnellement pour un autre; si enfin, vous pensez qu'une longue habitude du travail administratif, jointe à un peu de facilité, peut rendre mes services utiles, dans la place de sous-

préfet à Neufchâtel, je vous demande votre appui, qui est abso-
lument le seul de ma demande. Je vous prie d'être assuré de mon
zèle pour la chose publique et de mon respect pour vous.

« PATRY. »

P.-S. — Comme il faut toujours païer le tribut au malin, je joins
ici un petit œuvre de poésie que j'ai l'honneur d'envoyer, non à
Monsieur le Préfet, mais à Monsieur Beugnot.

Neufchâtel, 30 fructidor an 12 (17 septembre 1804).

L'honneur d'être votre vicaire
Nous fait icy courir les champs;
Tous, jusqu'à notre apothicaire
Viennent se mettre sur les rangs.

Un chacun, avec complaisance,
Déroule son petit tableau.
Puis, auprès de nous, en finance,
Colbert n'aurait été qu'un enfant.

Le Gros-Guillot, à sa pratique,
Fait ses adieux en ricanant,
Et Madame, dans sa boutique,
Déjà dédaigne le passant.

Lubin, dangereux concurrent,
Réforme tout en politique,
Et, de nos cidres, la fabrique
Exerce son œil prévoyant.

Il démontre en mathématique
Que par A plus B le canton,
Suivant les loix de la statique,
Aux autres doit donner le ton.

Il décide avec assurance
Qu'étant mieux administré,
Au lieu de rond étant carré,
Le fromage a plus d'élégance.

> Puis, en prêchant la Bienfaisance,
> Et réveillant la Charité,
> Mettant les pauvres dans l'aisance,
> Il éteint la mendicité.

Ni la prose, ni les vers ne furent dédaignés. Le plus haut fonctionnaire administratif du département fit, quelques jours après, c'est-à-dire le 21 septembre 1804, cette aimable réponse :

> *Rouen, le 4ᵉ jour complémentaire an 12*
> *(vendredi 21 septembre 1804).*

« A M. Patry, président de l'Assemblée du canton de Neufchâtel,

« Monsieur,

« J'ai reçu la lettre que vous m'avez fait l'honneur de m'écrire le 30 fructidor, et les jolis vers qu'elle renfermait.

« Il m'eut été agréable de proposer au gouvernement un homme qui eut été à la fois bon administrateur et correspondant aimable ; mais votre intention m'a été connue trop tard.

« Sa Majesté impériale a nommé à la sous-préfecture de Neufchâtel M. Amédée Pocholle, et j'avais connaissance de cette promotion quand votre lettre m'est parvenue.

« Je vous prie de recevoir, Monsieur, l'expression sincère de mes regrets.

« BEUGNOT. »

Le 20 brumaire an XIII (11 novembre 1804) Pocholle vint faire sa visite à Beugnot. De Rouen, il avisa Delestre, maire de Neufchâtel, qu'il se rendrait à son poste le lendemain, qui se trouvait être la veille de la foire de la Saint-Martin d'hiver. M. Delestre, *apothicaire*, habitait une partie de la vieille maison dite la *Fleur de Lys*, dans des dépendances de laquelle il avait donné asile à d'anciennes religieuses (1).

Le corps municipal, dont faisait partie M. de Gallye, en même temps président du collège électoral de l'arrondissement, se rendit à l'Hôtel de Ville. On ne dit pas si M. Patry s'y trouvait,

---

(1) Article de M. Bouquet dans la *Normandie*, cité.

non plus que les autres maires de l'arrondissement. Le sous-préfet fut complimenté par M. Delestre à qui il répondit de la manière la plus obligeante. M. Lehure, médecin, maire sous l'ancien régime, demanda et l'on vota la transcription des discours sur le registre.

Dans les « statistiques personnelles » conservées aux Archives, on rencontre sur Pocholle des notices variées. La première et la plus favorable est celle-ci : « Beaucoup d'esprit, le tact des affaires « administratives ; il a joué un rôle assez important pendant les « crises de la Révolution. Aimé et considéré, dévoué. »

Les appréciations concernant M. Patry présentent aussi quelque intérêt ; en voici quatre : « I. A renommer, mettant dans son travail plus d'esprit et d'ornement que les affaires administratives n'en exigent ; mais dirigé par de bonnes vues. — II. Electeur, membre du collège électoral du département, président du canton de Neufchâtel, maire d'Esclavelles (10.000 francs de revenu), M. Patry consacre aux beaux arts et aux lettres la fin d'une carrière qui fut toujours remplie par des travaux utiles. Riche propriétaire, il transmettra à son fils auditeur au conseil d'Etat une fortune indépendante et un nom considéré. — III. A toutes les connaissances requises, ayant été anciennement employé dans les hautes places des finances ; a des connaissances en littérature et dans les arts. — IV. Esclavelles, ancien directeur des aides, maire et vivant de son revenu ; 12.000 livres de rente ; bonne conduite, attaché au gouvernement ; deux enfants : 30 et 27 ans ; existence ignorée ; marié, sans état. Plus d'esprit que de gravité. » — On pourrait croire que cette dernière fiche émane de Beugnot ; mais elle est de 1810, date à laquelle il n'était plus à Rouen, et une telle appréciation, qué l'on pourrait dire inspirée par la réception de 1801 aux Hayons, ne serait-elle pas bien rigoureuse, venant d'un préfet général qui, à l'en croire lui-même, néglige un peu, ce soir-là, d'être grave.

Dans les dernières vingt années de sa vie, le baron passait l'été au Mont-Edeline et venait chaque dimanche à la messe à Notre-Dame de Neufchâtel. Sa sœur, Mme Brohard, mourut à Neufchâtel, le 8 mai 1848, âgée de 100 ans et 6 jours. J.-S. Gressent, revenu de l'exil, était aussi son parent, mais à un degré éloigné ; il avait béni l'arbre de la Liberté élevé sur la place de l'Hôtel-de-Ville en 1848. Il mourut curé de Notre-Dame de Neufchâtel, le 14 janvier 1840, âgé de 93 ans.

Le baron Patry âgé de 89 ans, termina sa vie au Mont-Edeli
en 1869. Sur sa tombe est cette inscription :

Ici repose
ANGE-ÉMILE-JACQUES
Baron PATRY,
Maire d'Esclavelles,
Ancien Conseiller d'Etat,
Chevalier de la Légion d'Honneur,
Chevalier de l'Aigle rouge.
de Prusse et de l'Ordre
de Charles III d'Espagne,
décédé au Mont-Edeline
le 21 juin 1869,
dans sa 90e année,
muni des sacrements.

L'éloge de ses vertus vivra dans tous les cœurs. Son souve
ne périra pas et son nom sera légué comme un bel héritage a
enfants de ses enfants.

(Ecclésiaste).
Nous le regrettons tous. Prions pour lui.

Actuellement, le Mont-Edeline appartient à M. le vicon
Gaëtan-Anne Le Bouyer de Saint-Gervais de Monhoudou, en 18
lieutenant instructeur à l'Ecole de cavalerie de Saumur, marié
1881 à Mlle Marguerite Asselin, petite-fille du baron Patry. M.
commandant de Monhoudou, propriétaire au château de Cou
bomer, commune de Monhoudou, canton de Marolles-les-Brau
arrondissement de Mamers (Sarthe) est actuellement (1916) co
missaire militaire de la gare du Mans. Il appartient à une fami
d'ancienne noblesse de Normandie et du Maine, celle de l'illus
rouennais Fontenelle, neveu de Thomas et Pierre Corneille. L'
des membres de cette famille Le Bouyer ou Le Bovier périt à
bataille d'Azincourt (1415); Julien Le Bouyer de Saint-Gerva
gouverneur du Perche à Mortagne, servit vaillamment le
Henri IV et épousa Claire de Catinat, tante du maréchal (1).

---

(1) Bachelin de Florenne : *État de la noblesse*, 1884.

Evreux. — Imprimerie de l'Eure, G. Poussin, Dr.

(*Extrait de la* Revue Catholique de Normandie, *année 1916*)